El gozo cumplido
María José García Mesa

Colección Baños del Carmen

María José García Mesa

El gozo cumplido

EDICIONES VITRUVIO
Colección Baños del Carmen,
nº 1014

www.edicionesvitruvio.com

Primera edición, 2024

© Ediciones Vitruvio
C/ Menorca, nº 44
28009
Madrid
Teléfono: 91 573 21 86

ediciones vitruvio, nº 1. 672
ISBN: 978-84-128750-8-9

El gozo cumplido

A mi madre,
la reina en la montaña

Gozo escrito

CUARTO OSCURO

El mundo iluminado y yo despierta
Sor Juana Inés de la cruz

Hay una leve claridad en el aire.
Una hebra de luz que adorna tu mano
y se enreda en tus dedos.
Sin ese fanal se apaga el verbo
y la sombra se prende inmensa, inabarcable.
Pero tú sabes que la semilla vive en un cuarto oscuro,
conoces el provecho de lo negro necesario.
Así que esperas a que la oscuridad mordiente despierte
el borde difuso de las cosas y revele lo invisible.
Y luego abres las ventanas y enciendes todas las lámparas.
La llama de una cerilla minúscula te vale
con tal de poder distinguir un contorno, un filo amigo.
Hasta que una luz untuosa se derrama sobre el mundo
como mantequilla caliente
y despunta en ti un sol inusitado.
Siempre debería ser de la oscuridad a la luz,
del manso letargo a la vigilia rebelde.
El asombro eterno de la zarza ardiendo en el desierto.

MADRE NUTRICIA

Palabras degolladas,
caídas de mis labios
sin nacer;
estranguladas vírgenes
sin sol posible...
                                    Alfonsina Storni

Todos los días me como al menos diez palabras.
Las prefiero frescas y jugosas, con todos sus líquidos dentro,
de las que hacen buen caldo y poemas redondos.
A veces frío las palabras en aceite caliente
Y les saco puntilla a los versos,
como las mantillas de boda de las mujeres de antes.
Las palabras se pudren en tu cabeza si no te las comes.
No saben esperar, les sale moho y se mueren.
Por eso a veces las congelo y las guardo en la nevera.
Cuando las saco están frías y estiraditas
y me salen versos con rumor de enaguas recién almidonadas.
Hay días en los que cocino para toda la semana;
ensalada de palabras, palabras en puré, tortilla de palabras...
Pero no hay nada como las palabras en salsa de mi madre,
esos poemas te los comes con las manos y mojas pan,
y piden vino y sábanas blancas después del banquete.

VENDETTA

Che la mia ferita sia mortale

No hace falta agua para ahogarse,
a veces te mata el aire.
Es inútil desasirse del aire,
defenderse de lo impalpable,
distinguir lo incoloro.
Puedes pelear contra el azul cotidiano
o bregar con el rojo denso de un corazón partido.
Puedes encerrar el amarillo en un verso suelto
o temer el gris que la negra sombra vuelve negro.
Pero la transparencia es mortal y ponzoñosa,
el enemigo perfecto.
Y te duermes y sueñas
el sueño de una navaja corsa de vendetta
que parta el aire con su acero verde y lorquiano,
que le arranque el púrpura al aire.
Y si al fin la hoja no lo mata,
que lo haga al menos el veneno de mi palabra.

HE LOVES ME, HE LOVES ME NOT

Voy a guardarme entera en tu escondite
donde hay palabras de sobra para pasar el invierno.
La biblioteca está ordenada y la mesa dispuesta
y un conejo blanco, que nunca tiene prisa,
le sirve té caliente a la reina roja
sin miedo a que cercene su cabeza.
Al otro lado del espejo hay un huerto delicado
donde florecen los pétalos impares de las margaritas
y una Alicia rubia las deshoja mientras se pasea cimbreante,
Doña Endrina entre los verdes parterres,
presumiendo de que un loco con sombrero la quiere siempre.
Este muro formidable parte en dos mujeres mi conciencia
y se traga la espuela de tu voz, piedra de alumbre
que fija los colores y le da luz al papel infecundo.
Entera cruzaré la laguna sin monedas en los ojos.
Porque esta ciudad que habito ahora es el vacío
y en el silente cero absoluto no sobrevive la palabra.

FRONTERA

Tu voz desgrana el cereal del día...
Pablo Neruda

¿Dónde empieza tu voz a ser y dónde acaba?
Orilla bordada entre el todo y la nada
tu voz viene como la noche, ineludible.
Inevitable como el verdor gratuito de la primavera.
¿Quién puede bregar contra el rio indócil de tu garganta?
contra esa eterna impermanencia del agua en su viaje
por un río que no es nunca el mismo río.
Cuando hablas te escucho rigurosamente
mientras el filo ronco de tu voz me muerde los huesos
y se afila en mi alma las uñas llenas de carne rosa
como un gato arrogante que se burla de sus siete vidas
porque sabe que siempre cae de pie en mis oídos.
Pero tu voz es también un laurel crepitando en un fuego adentro,
sagrado verde que chisporrotea en un lugar de mi conciencia
y augura frescos torrentes de versos encendidos
cuando viene la sequía amarilla a torturarme.
¿Quién sabe a dónde irá a arder toda esa luz mañana?
No conozco el peso estricto de tu lengua
ni la temperatura exacta de lo que piensas.
Quiero comerme a bocados la distancia
que me desase de la urgente embestida de tu voz
al tiempo que me cuentas que el misterio de la vida
siempre está enterrado en otra parte.

GO FORWARD

A Isabel de Vergara, la luteranica endiosadilla

Estoy aquí, de pie, al borde de un abismo de palabras
esperando a dios como el latido del cursor espera al verbo.
Palpitante, porfiada, inabatible.
¿Y qué si dios existe o no?
Solo me importa el pulso, la conciencia espuria
de que todo es eterno y redondo
sin esquinas que te fuercen a torcer los pasos
en otro sentido que no sea ser siempre.
Esta circunferencia perpetua, eterno retorno de lo mismo,
se repite en el espacio, pero no en el tiempo.
Se vuelve esfera si encuentro la palabra exacta.
Un infierno sólido partido en ocho círculos perfectos
o nueve cielos amarillos con vistas al primer motor.
Nunca abandonaré la esperanza.
Por eso estoy aquí, de pie, en el centro de un círculo de fuego
con un cuenco de palabras calientes, crepitantes
esperando a dios,
a ver si me deja llegar más lejos.

18

VOLUMEN

Omnia consistunt in numero, pondere et mensura
La Vulgata

Peso más cuando odio
porque hay agua oscura en mis pulmones
y peces amarillos que nadan en mi garganta.
Una bola de plomo es mi centro, tan grávida
que ningún mercader se atreve con su balanza.
Mi lengua es de tierra seca cuando odio.
Los peces mojados de mi garganta la convierten en barro
y mis palabras asoman como cacharros de arcilla sin terminar.
No quiero hablar barro ni pensar barro.
Yo quiero ser delgada y etérea
como una bailarina del Folies Bergère
y andar de puntillas sobre el filo de una espada falsa
mientras vomito las manzanas redondas y coloradas
que le robé a la serpiente.
Quiero hablar flores y pensar plumas,
y escribir poemas sobre la insoportable ingravidez del ser.
No quiero diluir mi vida en odio
esperando a que la musa se ajuste a mi pisada.

L'HEURE GLORIEUSE

A Santa Teresa de Jesús

Siempre he sabido escribir sobre la muerte
y sobre la luz que viaja sola
sin ningún filo sobre el que posarse
convirtiendo la esperanza en un cero sólido y hercúleo,
todos los días, a la sombra en punto.
A menudo he dicho que el viento sopla solo para los otros
todos los días, a la luz menos cuarto,
Y hace silbar sus conciencias porosas
tornándolas livianas como una hoja de papel japonés
o finísimas como un ceñidor de seda china.
A veces, mientras creo que sé y pienso que digo,
ciertas tardes a la vida y media,
paseo mi peso aleve de amazona pensativa
sobre el lomo de un corcel generoso
rompiéndole al aire la carnosa pulpa
embebida de luz desde arriba hasta arriba.
Nunca he sabido redondear la hora que descose el instante.
Yo solo quiero ser alma desalumbrada
y vivir muerta de luz, y morir viva de viento.

QUI ACCEPERINT VERBA VERBIS PERIBUNT

Una palabra dadme, una sencilla
palabra que haga juego
con...

Ángel González

Al principio es el verbo, siempre es el verbo.
Artífice absoluto de todas las presencias y de las ausencias.
Porque lo que no se dice también existe,
de un forma tan tangible que a veces puedo
agarrarlo con los dedos y retorcerlo.
Muchas veces he traicionado las palabras
y las he convertido en otra cosa distinta,
mimadas y sobrealimentadas,
incapaces de resistir las sequías de tinta.
Y otras me nacen de los dedos sólidas y fibrosas
como niños espartanos criados en una agogé terrible
que me declaran la guerra y me niegan el pan y la sal
-La que a palabras mata, a palabras muere-
Pero yo solo quiero deslizar mi verbo por el tablero
como el maestro ruso que se resiste al primer impulso.
Porque es el resentimiento lo que mata el debate,
es el rencor el que deja mi talón al descubierto.
De forma que solo encuentro el desdén de la palabra esquiva
y cierta clase de arrogancia que me hace vulnerable
y logra que me pierda mi exagerada tendencia al polisíndeton.

PANDORA

Algunos días me visto de buenas intenciones
y me asomo a la puerta con las ideas recién lavadas
y un olor a libro nuevo en el bolsillo.
Ávida de todo lo que está hecho para ser abierto.
Como una Pandora desbocada abro las puertas y las ventanas
y me pongo de mariposas hasta la boca.
Despliego los cuadernos grises y los atlas de colores
y encuentro restas y geografías imposibles.
Excavo agujeros profundos en mi corazón de arcilla
hasta que estoy perdida de barro y de palabras.
A veces la mañana es una fiesta sorpresa
y descubro la dulce prenda de tu voz
envuelta en terciopelo suave.
Quiero que me encuentres la llave maestra,
aunque sea para mi mal.
Quiero destapar en silencio el ánfora.
No vaya a despertarse el hada verde que vive al fondo.
Porque todo lo que hallamos es del mundo,
lo que nos falta por encontrar es solo nuestro.

Gozo oscuro

HACERME LA MUERTE

Soy vertical,
pero preferiría ser horizontal.
Sylvia Plath

Todos nacemos con la muerte hecha,
pero nosotros nos matamos buscando otra,
una que no sea la nuestra.
Así vivimos la otredad de la muerte con la certeza de que
ninguna es lo bastante grande o lo bastante roja.
Y fingimos que la muerte del otro no nos alivia.
Necesitamos una final redondo,
una muerte viva.
Hay tanto esfuerzo en esta verticalidad fingida,
tanto empeño en el ensayo cotidiano de lo horizontal
que no reparamos en que en el infierno
la gente solo quiere un sorbo de agua fresca.

IN MEDIAS RES

A veces la vida no empieza por el principio
y una se despierta *in medias res*,
en mitad de la función de un teatro de provincias
con un puñado de pajaritas de papel en el regazo
y las ganas sin estrenar dentro de su cajita de huesos.
Recién viva, sin memoria alguna de haber sido,
pero con los ojos abiertos y los pulmones llenos de aire.
Entonces brota de tu boca un chorro de voz clara y limpia
que se derrama en tus oídos y los embruja
con palabras que son como palomas
escapando de los puños del frac de un viejo mago.
Quiero vivir la mitad de la vida como si fuera la vida entera.
Porque a veces el camino no empieza nunca
y es acto puro con la muerte.

El DEMONIO MERIDIANO

Arriba la luz, abajo la piedra, y en los cuartos;
el demonio meridiano.
El espíritu que circunda el mediodía.
La blanda calma que detiene el pulso
y diluye mi alma como un sobrecito de gaseosa.
No hay cruces que espanten a este Leviatán colorado,
ni agua bendita, ni sartas de cuentas consagradas,
pero tal vez exista una palabra viva o un generoso claustro
que me traiga el almíbar de tu voz, frescura de patio y limonero,
y arranque de mis ganas este color tierno de cirio derretido.
Mientras te espero el sol es un pálpito amarillo
que tartamudea en lo alto de la tarde.
Y cuando llegas el tiempo se vuelve agua
que burbujea en el centro de la fuente.
Arriba dios se ríe, abajo el mundo duerme
y a y cuarto un demonio encendido nos invita al banquete.

JERUSALEM

Jean, mon ami, a la guerre el allè.
Je l'attends que mon coeur aime
Je làttends celle que mon coeur aime tant...

A Jean Philippe

Por fin llegaste a mí, amado mío.
Yo soy Jerusalén.
La casa de la paz.
La ciudad del templo.
No ves, no oyes, no pronuncias sonido alguno.
Tu boca está llena del polvo del camino.
Yo desmigaré la tierra con mis plegarias,
con un río de vino dulce calmaré tu sed.
Tus ojos ansían las doradas salas de Babilonia.
Yo te vestiré con la túnica blanca de siervo de dios
y ungiré tus cabellos con aceite del jordán.
Ensordecieron tus oídos las tormentas del desierto.
Yo verteré los murmullos de mi rezos en ellos
como miel caliente y espesa sobre la piel de las bellas.
Deja que Sion impregne de incienso tu alma .
Abre tu corazón a la luz de mis banderas,
abandónate al placer de mi franqueza.
Y si decides marcharte,
llévate solo el amor de madre con que te acojo.
Porque yo soy todas las ciudades y nadie me posee.
Yo soy todas las cabañas y los palacios dorados.
Y las murallas,
Las altas e inexpugnables murallas.

VERDEMENTE

Me cuentas que la hierba es verde
porque vivimos en el lomo de un lagarto gigante.
Pero bien podría ser una serpiente escurridiza y venenosa
o un lazo de terciopelo brillante
que una mujer se anuda en el pelo
cuando sale por ahí a presumir de que lleva
zapatitos nuevos y un universo entero sembrado en su cabeza.
Porque lo verde no está quieto como lo negro o lo blanco.
Lo verde nace y se muere
y reverdece y se agosta otra vez.
Yo vivo en el verde menta de tu palabra
y muero porque no me quieres verde.
Miro la ciudad esmeralda de reojo
y me pongo la esperanza por los hombros
para que la envidia no tiña mi alma de aceitunas.
Pero…
¿y si la hierba es verde porque sí?
Porque no tiene otro remedio…

CHATELAINE

Para vivir un año es necesario
morirse muchas veces mucho.
Ángel González

Tengo la vida entera colgada de mi cintura.
Y pequeñas muertes bailan a su alrededor
como los dijes en un chatelaine antiguo.
Hay muertes brillantes encerradas en pequeños espejos.
Otras oscuras se pasean por los bordes afilados de las tijeras.
Tengo muertes redondas colgadas de las cadenas
columpiándose descaradas y desafiantes
y decenas de petite morts envueltas en papelitos dorados
como caramelos de café con leche.
Todo ordenado y dispuesto para su uso.
Porque todos los días no se mueren de la misma forma.
Algunos escapan de la tenaz parca diaria
lo mismo que el pez que salta de la red
vuelve al mar de la sal cotidiana.
Como si casi morir fuera lo corriente en la corriente.
Mis muertes ciñen mi vida y aprietan mi carne.
Me sujetan por mi centro y me mantienen erguida.
Me ponen a vivir al revés hasta que todo es rojo.
Quieren que me acostumbre a lo oscuro
porque la última luz nunca es blanca como la primera.

SPECULUM

Venga más sol feroz.
¡Más, más verdad!
Jorge Guillén

Nadie dice lo que es lógico.
Lo lógico se dice a sí mismo.
Miradme;
Yo soy una mujer que se mata a argumentos.
Porque a veces no hay explicación posible,
solo movimiento y profunda pausa.
La verdad es la suma de todas las miradas,
cambiante y resbalosa.
No es de fiar.
Cuando creo que he entendido el plan
y el camino es un bol de cerezas encendidas,
se curva el espacio de repente
y se llena de poemas adversativos,
de esquinas imposibles de un Universo matemático inaccesible.
Todo lo que existe se mira en un espejo hiperbólico.
Cada circunstancia recibe de vuelta un reflejo distinto,
una luz diferente que nunca es la misma.
La verdad está muy lejos, muriéndose.
Puede que cuando su luz llegue hasta ti,
ya esté muerta y enterrada.

AZUL CELESTE

El azul homérico no existe.
Las guerras son todas rojas.
El cielo no es azul cuando se refleja en el campo de batalla
porque las montañas son de carne blanca
y los ríos de sangre negra.
Pero hay corazones que se levantan de la tierra empapada
y buscan la mirada en otra alma.
Llevan clavada en el centro la espada verde,
urdida con credo férreo, artesano.
Y luchan incansables contra la noche bruna
hasta que las nubes grises apuñalan al cielo
y le hacen agujeros enormes
por donde brota la sangre amarilla de dios a borbotones.
La luz baña los cuerpos yertos
y los muertos se vuelven girasoles.
No hay azul para los héroes griegos,
solo el crisol de un mar que refleja la gloria
y se mira en el cielo de todas las batallas.
Un color impreciso,
algo muy parecido al celeste...

OJOS QUE NO VEN...

¿Acaso soy yo el guarda de mi hermano?
Génesis 4.9

No eres mi amigo, ni mi hermano.
Ni siquiera te quiero mal.
Pero es que eres un mandarín en China
que vive tan lejos que casi no vive.
Dormitas huérfano en tu silla de oro
rodeado de dioses pequeñitos
pintados de mil colores.
Cubres tus pies con sandalias de seda
y yo estoy aquí, descalza,
ansiando tu circunstancia.
No te conozco.
Pero tú quieres decirme tu nombre.
Quieres hablarme de tus dioses pequeñitos,
enseñarme tu casa y tu linaje,
el jardín donde enterraste tus tesoros,
las blancas ramas de cerezo
que adornaban el cabello de tu madre.
Los ojos de aquella muchacha,
flores de loto en el estanque,
tu primer dolor.
Nada de eso me importa.
Te contemplo con ojos ciegos de madera,
he puesto mi alma a dormir de espaldas a tu alma
para no sentir tu carne caliente y salir airosa de esta guerra.
No es lo mismo aplastar una hormiga que degollar un carnero.
La constancia de la sangre es la diferencia.
El espacio que nos separa te hace contingente,
la distancia es una proporción inversa a la medida de mi alma

que ya es apenas alma.
Nadie me culpará si levanto la espada.
No resistirás la monstruosa sorpresa de que me eres superfluo.
Tus pies ya no necesitan zapatos
ni tu cuerpo mantos bordados o abanicos de seda.
Pero que no escuche el nombre de tu casa.
Si me dices el nombre de tu padre, te amaré
como amé a los héroes griegos de los poemas
y la espada se deshará como arena entre mis manos
de todas formas, ¿qué más da?
He matado a tantos mandarines
que ya he perdido la cuenta.

CORLEONE

Hay que repartir bien el logos por la entrañas
Empédocles

Deja la pistola, coge los cannoli.
Abandónate al dulce cremor blanco
que te hará olvidar el olor putrefacto de la carne muerta.
La vida no es un tren expreso
ni un río caudaloso,
ni tu padre, ni tu madre
y menos aún la sangre encendida que derramas por costumbre.
Coge los cannoli y déjate de tonterías.
Tú sabes lo que es importante.
Al fin y al cabo la vida es donde te sientas a comer.

SÍSIFO

A veces pierdo las llaves y la palabra
y tengo que parir una casa nueva
porque esta que habito está muerta
y el suelo bajo mis pies no es suelo firme
sino barro tierno y pegajoso,
incapaz de mantenerme erguida.
A veces hace tanto calor aquí dentro
que mi corazón y mi lengua se pudren
y se vuelven inservibles desperdicios de quirófano
y no tengo más remedio que sacar la basura,
plástico negro a la puertas de mi casa,
porque nadie quiere corazones muertos ni lenguas mudas.
Hay días en los que me urge vaciarme, pero no me importa.
Me queda el pensamiento desprovisto del verbo y del latido,
solo la mente con todos sus jugos calientes
encerrados en mi cabeza , efervescentes.
Entonces siento que hay algo dentro de mis huesos
que más que fe radical, es ciencia.
La certera evidencia de que el pulso solo no basta.
de que nada se termina con la muerte.
Hay una cierta clase de redondez en todo lo que existe,
piedra de Sísifo a punto de coronar la cima,
que impulsa a la repetición perpetua, al giro incesante
y nos obliga a volver a la potencia primera.
A lo mejor es que uno solo empieza a ser cuando regresa.

THROUGH THE LOOKING-GLASS

Es mucho mejor ser temida que amada.
Reina Roja

La reina de corazones guarda puñales en sus ojos
y una cárdena serpiente duerme enroscada y calentita
en su no-corazón púrpura de naipe francés.
Es la dueña absoluta de todas las formas y colores
y enhebra sus días decapitando las rosas recién nacidas
en el fértil jardín de su palacio de verano.
La reina de corazones no acepta cualquier sombrero.
Solo cubre su cabeza con tocados de piel de liebre
que un mercurio plateado dio en fieltro blando y suave,
y guarda para sí una legión de blancos conejos ciegos
que le dicen que es la mensajera de dios al otro lado del espejo,
cuando solo es una vulgar asesina de rosas incipientes.
Nunca podrá ceñirse la corona de la gran reina roja
ni correr como un potro desbocado solo para quedarse donde está.
Porque la reina roja vive en el corazón del tablero
y sabe que un rey puede mover a un hombre.
Pero es ella quien engendra la semilla de las rosas,
el grano de almizcle que nace hombre, reina, mujer o rey.
Ella sola es acto puro, vivo fuego inerte
La celeste reina colorada es dios.

MADRUGÁ

Salgo de mi casa con mi vestidito nuevo
como la Esperanza por la madrugá,
el corazón en la boca y en las trabajaderas.
Mi cintura es estrecha y mi fe redonda.
Un costal de ganas me aprieta el alma
y comprime sus jugos calientes y colorados
hasta que rebosan y se vierten por el filo de mis ojos,
púrpura de dios incontenible,
que corre como lava por mi carne blanca
y arrastra mi genio de copla y de penita negra.
Llevo el corazón por fuera prendido con alfileres
y en las manos un temblor de cera blanca y encaje almidonado,
como la Esperanza por la madrugá,
de verde manto y puñales de colores.
Anda mi alma bajo un palio de corales,
encendida de rojo al son de las saetas.
Mi alma de espuma que es como el mar
y como la espuma en el mar se mece.

LA ÚLTIMA FALANGE

¡Asómate a mí, que soy una torre!
¡Asómate a mí: soy aquella palmera de tu huerto, que latía
contigo!
¡Echa al aire mis campanas y mis palmas!
Yo soy tu panorama.

Carmen Conde

Lilith no quiere extender su mano
para no encontrar a Dios.
la espanta la sospecha de haber sido creada,
concebida por otro pensamiento ajeno al suyo.
Ella quiere ser una y trina,
artífice de sí misma,
la dueña y señora de todas las manzanas.
Pero dios la observa divertido.
Cuando esté ahíta y repleta de la carne blanca y jugosa
se dormirá.
El esfuerzo de no tocar a Dios
ya no será esfuerzo sino abandono.
Y Lilith rendirá a dios su última falange no queriendo.

LA VIOLETERA

Yo soy la auténtica violetera,
la que despacha verdades en su canasto.
Las tengo con esquinas a las que es difícil darles la vuelta,
correosas y empecinadas que se cruzan de brazos
y se niegan a andar.
Y otras redondas y relucientes como un balón de playa
que pasan de mano en mano hasta que se pincha la pelota.
Vendo verdades a medias, sin terminar de cocer,
de las que convencen poco o nada
y otras crujientes y deliciosas recién salidas del horno
que te dejan ahíta como a Eva la manzana.
Las tengo ajustables como las sábanas bajeras,
certezas que no dejan arrugas
y en las que se puede dormir a gusto.
Y verdades incómodas como las sillas de una sala de urgencias,
duras y frías que te muelen los huesos
y se comen la esperanza a mordiscos.
Llevo hermosas verdades limpias vestiditas de domingo,
perfumadas y maquilladas para uso exclusivo de poetas exigentes
y verdades sucias y retorcidas que salen del culo de las palomas
y te ponen perdida de realidad.
Tengo verdades que son mentiras deslizándose
por una pendiente resbaladiza
que te revuelven el estómago hasta que vomitas sangre.
Hay verdades tristes e inexorables como las de un replicante
que suenan con la música azul de chet Baker de fondo
y verdades de feria y lunares que huelen a manzanilla
y te hacen cosquillas en el cielo de la boca.
Vendo verdades enormes de las que no te dejan ver el bosque
y otras diminutas que se juntan en enjambres
como mosquitos recién nacidos.
Verdades simples que todo el mundo entiende

y dobles verdades en cucuruchos de dos bolas
que te congelan la lengua.
Llevo Brillantes evidencias científicas
que funcionan igual que un reloj suizo
y oscuros dogmas que te aprietan el alma
como las ballenas de un corsé.

Despacho verdades en un canasto, ninguna es cierta,
pero no valen más que un real.
Cómpreme usted este ramito,
cómpreme usted este ramito
pa' lucirlo en el ojal...

OFELIA

A veces una idea parece muerta,
pero solo está quieta, congelada,
esperando una llama que la derrita y la convierta en río.
Ofelia saborea esa idea desleída en cristal sonoro
mientras espera a que el sol de la tarde rompa sus brazos
contra los anchos muros de su gélida casa danesa
y el reflejo del cerezo se agigante en su jardín.
A veces está tan cerca de sí misma
que ve su sombra como dos mujeres
y se esconde, cuerpo adentro,
en espejos que son ríos mansos
que la mecen entre sus aguas
y la arropan con sábanas azules.
Está harta de batallar por la conquista de su palabra,
cansada de ese olor a podrido
que solo suaviza el eco de su voz,
señuelo al que persigue ligera como un galgo alto.
A veces una idea muerta reverdece en la hermosa torre,
ánima sola en un laberinto preñado de escaleras empinadas
que muerden las esquinas allanando los bordes a dentelladas.
Pero la dulce Ofelia no sabe trepar,
solo ha aprendido a ser río.
Su corazón está limpio porque su lengua no sabe parecer
y su alma es algo que de puro blanco
no se percibe...

MATRIUSKA

Vivir es mudarse.
Me derramo líquida ocupando espacios.
Voy de vientre en vientre
aprendiendo de los azules ajenos,
rebañando el rojo que asoma por los bordes
hasta que todos los colores están en mí.
Me detengo a veces en un cuerpo
y paso allí los veranos,
pero no me quedo mucho tiempo.
Enseguida llega el otoño
y el viento se lleva las hojas y me arrastra
hasta otro centro distinto.
Y me encierro
de matriuska en matriuska
hasta que soy diminuta,
una muñequita lígnea
que no se puede partir en pedazos.
La unidad más absoluta,
la certeza densa de estar sola.
Y nace en mí de nuevo el deseo de escapar,
de crecer hasta otro ser distinto.
Entonces saco la espada de las batallas
para conquistar tierras nuevas, vientres nuevos
Y así ...
hasta que la muerte me obligue a la última mudanza.

EL ALMA CEÑIDA

¡Y hubo en la jaula azul de tu corpiño
un temblor de palomas moribundas!

Evaristo Carriego

No es buen corsé el que no le aprieta al alma la cintura
y refrena los caballos negros que corren desbocados
sin el pulso de una buena auriga que los maneje.
Un corsé de primera le arranca la carne al alma
hasta que es delgada y finísima
como la piel de los párpados o el encaje de las mantillas.
Mi conciencia es vieja, tiene rotas las ballenas
y las cintas están tan dadas de sí
que la estrechez lo es apenas.
Pero llevo todas las rosas que recogí ayer
apretadas dentro del corpiño,
rozando mi alma que ahora es más ancha y más libre.
Mis manos se han cansado de tensar las cuerdas,
de sujetar las riendas.
Ya no levanto la tierra al rodear la Spina esquiva
ni chirrían las ruedas de mi viga en la cruel curva.
Mis corceles negros son una lenta sombra de lo que fueron
y solo me queda un caballo blanco.
Suficiente alma aún para acabar la carrera...

STURM UND DRANG

No, no amo nada, he llegado al extremo
de no amar nada y en un instante, a
amarlo todo, y de súbito olvidarlo todo
Friedrich Maximillian Klinger

Cierro con llave la puerta de mi casa,
me gusta pensar en silencio en los ángeles,
pero solo veo espectros asesinados
fermentando en el suelo de la cocina.
¡Qué visión la mía tan absurda!,
pienso mientras contemplo el daño.
Todo me dura demasiado.
Me creciste roqueño en la cintura
y el pecho se me pone de pie y me protesta
porque le he negado la sal a su tierra.
No sabe que la cintura arde mucho mejor que el corazón.
Como y rezo en un puerto seco, estibadora de mí misma,
sosteniendo el tiempo de otro cuerpo.
Yo sin mí y él a mí atado.
No quiero un centro mal terminado,
como un cuerpo al sol sin su sombra
o unos ojos vivos sin sus párpados
desquiciándose de luz.
Pero si mi caja fuese más profunda,
cabría en ella la sangre roja
de más mejillas coloradas.
Lo que importa es la profundidad.
Tal vez si fuera más sabia y más hermosa,
sería la olímpica diosa omnisciente
que guarda en sus ojos la tormenta y el dragón,
pero no soy ni más ni menos que lo que decido contar.
Quiero el corazón ancho de una cierva,

donde pueda extender alma adentro mi alas fruncidas
y ofrecer mi amistad a los espectros muertos.
Puede que así los ángeles se pregunten:
¿habéis visto alguna vez un amor como el suyo?

EL CÍRCULO

El agua pura de mis pechos
se derrama
y se vuelve barro.
Tú eres hijo del pecado.
Yo soy hija del pecado.

                              Akiko Yosano

Tú y yo coincidimos en la secante de dos heridas.
La tuya y la mía.
Con una diferencia; tú no haces más que morirme.
Tu llaga es enorme y nunca se cierra
y reclamas mi sangre
y devoras mi cuerpo.
Después me guardas dobladita en el ángulo muerto de tu alma
hasta que el rojo se me sube a la cabeza
y el círculo empieza de nuevo.
Un eterno retorno de la misma muerte.

GRAVEDAD

A Inmaculada García Mesa

A veces piso fuerte la tierra debajo de mis zapatos.
Quiero sentir que estoy de pie
sobre una superficie dura, consistente.
Un alfiler clavado en un acerico gigante.
Cuando no hay nadie que te sujete
tu madre te sostiene.
Quiero una conciencia de madre bajo mis pies.
La certeza vertical de no caerme.
Estoy harta de volar y de nadar
y de correr y de ajustar el paso,
harta de la cadencia inútil del movimiento a ninguna parte.
Quiero ser acto puro,
una con la madre sostenedora .
Bien atada al centro,
a 9,8 metros por segundo de amor al cuadrado,
enhiesto surtidor desafiante.

Gozo fiero

DOLORAMOR

¿Cuál hormiga soy yo de estas que piso?
¿cuándo la vida me dará un recreo?
Jaime Sabines

Si te besa una hormiga estás perdida.
Te atrapan con sus besos de almacén
custodiados con celo en primavera
para alimentar amores difíciles
que nacen pequeños y desnutridos.
Larvas ventrosas que aprenderán a besar
con la misma terquedad del diminuto insecto bruno.
La constancia de la obrera zahonda la tierra blanda
y la colma de agujeros donde el gusano duerme
su sueño de hormiga buena.
Pero tu alma de cigarra desprecia el beso de la hormiga.
Tú quieres un Amor de ranchera mejicana
con su palenque y su gallo colorado.
Un dolor de pelea bronca y espuela de plata
que desgarre tu centro como la voz de chavela Vargas.
Un querer al aire, libre de raíces tortuosas
con hambre antigua de hormiguero devastado.
Un amordolor de sírveme otra ronda
y muchas más…

MEDIOVIVIR

Hasta que mi mitad de luz se cierre
con mi mitad de sombra.
Juan Ramón Jiménez

Vivo en un precioso y moderno semicírculo con vistas al lago
donde contemplo solo la mitad de las cosas.
y en esta ceguera del porcentaje
creo que me muevo como pez en el agua.
Como la mitad,
duermo la mitad,
odio la mitad,
y estoy la mitad de contenta de lo que estaría
si viviese en una pecera redonda con vistas al parque.
Es tan agradable mediovivir...
con la mitad de mi cuerpo de pez enterrado en la tierra.
Mediosufriendo y mediopensando cómo sería mi media vida
sin tu vida entera...

AL REVÉS

Soy una cabra al revés.
Sueño ríos y no montes.
Quiero trepar el agua hasta el mar,
bestia insensata,
y trisco sobre los cantos pulidos del fondo del arroyo
levantando finas nubecillas de arena
que enturbian el cristal del agua
y crean la ilusión de suelo duro y seco.
Quiero convertir el agua en tierra.
Los peces ya son hojas
que bailan agitadas por el viento del otoño
y hay árboles pujando por brotar
debajo de mis pezuñas empeñosas.
No me importa lo que digan las buenas cabras al derecho.
Yo construyo un puente de baldosas amarillas
hasta un Oz de aguas terrosas y rizadas.
Porque soy una cabra al revés,
o un pez al revés,
o una loca al derecho.

RODAR Y RODAR

Sueño equivocado, Ángel sin salida, Mentira de lluvia en bosque.
Rafael Alberti

Eres como el zorro hambriento que rueda por la tierra roja
vistiendo de sangre falsa su cuerpo pequeño.
Aguantas la respiración y te finges muerto
y cuando los pájaros se posan en tu pecho
los engulles de un bocado.
No me engañas.
Aún tienes plumas de colores en la boca.
Aún palpitan en tu vientre sus corazones diminutos
como pequeños tamborcitos que acompañan tu latido.
Quieres un abril eterno en tu corazón de raposa
y ríos de trinos de ruiseñores que rieguen
las marchitas praderas de tus eneros.
No quieres morirte solo, nadie quiere,
pero te has vuelto cruel y descuidado.
Vivir no es morir al revés.
La muerte de la carne no es la muerte,
y sabes que algún día te despertarás
vomitando arcilla y gorriones...

MANADA

Un lobo solo no hace daño, da calor.
La manada es otra cosa.
Un alma colectiva, gris y sanguinaria.
Una maquinaria precisa y bien engrasada.
Ellos han derribado todas las estatuas
y han modelado con sal otras nuevas
devorando los corazones palpitantes
y dejando atrás un montón de cadáveres
descarnados, secos, pudriéndose al sol.
Los lobos juntos son el peor de los tiranos.
Han inventado el enemigo perfecto para el cordero.
Una idea que se criará torcida en sus cabezas
de corderos mansos y aquiescentes.
La manada es el padre, la madre y el espíritu santo.
Ellos te contarán todas las noches el cuento
del monstruo terrible que vive bajo tu cama.
Y te arroparán y te apagarán la luz para que no sepas.
Pero, ten cuidado, porque te arrancarán la lengua cuando peques
y triturarán los huesos de tus manos con un martillo
para que no escribas doblepoemas ni pienses al revés.
No hay espacio en la manada para el ánima sola.
Sin embargo, el aliento de un lobo solo calienta mi alma.
Me lame el cuerpo y arranca la lana inútil de cordero
abrigado y bien alimentado
dejando al descubierto mi piel casi transparente.
Tira de mí y me arrastra hasta un lugar seco,
a salvo de los otros lobos que guardan el rebaño.
Mas ¡ay!, ¿cuántas veces he vuelto a la seguridad de la cueva,
al abrigo del calor de los otros corderos obedientes?.
El lobo solitario que vive en mi vientre
no me salvará de mi costumbre

hasta que no mude su guarida a mi alma.
Ahora es tan solo un animal
y yo necesito un ángel.

ENTREGUERRAS

¿Dónde está la paz de la paloma,
el zureo suave, la calma blanca?
Solo se oye el quiquiriquí del gallo,
la osada algarabía de la ignorancia.
Mientras el león se muere en la orilla
el gallo llega a puerto seguro.
Se ciñe la corona sobre su cresta roja
y se hermosea con un manto de plumas de colores.
Los leones se asustan de los gallos blancos
y se duermen en la hierba con los ojos abiertos.
No saben que de su fértil aliento soberano
pueden renacer los cachorros recién muertos.
La serpiente los espía con sus ojos amarillos.
Tiene presa a la paloma en una jaula de huesos.
Ella, la escurridiza madre de todas las batallas,
la reina verde, que anda absoluta e irremisiblemente
perdida en el veneno de su palabra.

EL COCODRILO GUIANDO AL PUEBLO

Le gusta al frio monstruo entrar en calor al sol
de las conciencias limpias

Nietzsche

Cuídate del reptil cuando enarbola la bandera
porque no sabes de su naturaleza,
un padre cruel y resbaloso.
Él nada en su pantano
ajeno a otro verde que no sea el suyo
y pasea su lomo áspero por la charca
masticando la esperanza del cordero a dentelladas.
Cuídate del reptil cuando se ciñe la corona
porque en su lengua vive un verbo astuto,
una parla ágil y embustera.
Se beberá tu sangre y se comerá tu carne
inocente de oveja misericorde.
A su pesar levantará un trono sobre todos los rebaños.
Y cuando esté de corazones hasta los ojos
llorará lágrimas rosas de caimán arrepentido
mientras abre sus fauces para engullir a la siguiente presa.
No quiere tu perdón, solo tu alma aquiescente.

EL SABAT DE LA NEREIDA

Un engañoso canto de sirena me cantas,
¡naturaleza astuta! Me atraes y me encantas
para cargarme luego de alguna humana fruta
                                            Alfonsina Storni

Los sábados no se puede mirar a las sirenas.
Tienen las escamas sucias y entre sus dientes
hay aún restos de carne humana.
Su voz es ronca y el canto no es delicioso.
Aún descansa en sus corazones de pez
el recuerdo de las alas de pájaro
y sus almas son un despojo de plumas
desmayadas en las rocas.
Los sábados las sirenas se miran en espejos clarísimos
buscando los ojos compasivos de Deméter,
pero solo encuentran sus rostros pálidos y fríos
de jóvenes doncellas que atan y desatan voluntades.
El corazón de las sirenas solo late en sábado.
al compás del vaivén de los ahogados.
Es diminuto y oscuro y vive enterrado en sal.
Su pulso airado asusta a las ballenas
y derrite la cera de los oídos incautos.
Los sábados las sirenas tejen alas de mentira en sus costados,
delicadas urdimbres postizas de olas rizadas
y trocitos de fulgentes caracolas
que se arrebatan con el calor del primer sol.
¡Cuánto ansían ellas desplegar de nuevo sus alas inmensas
para no quedar prendidas en las redes ásperas de los hombres
que las sujetan a sus proas desafiantes!
¡Qué no darían ellas porque el griego astuto
desoyera de nuevo sus dulcísimos cantos!

Los sábados no se puede mirar a las sirenas.
Una sirena nunca miente en sábado.
Es el día en el que recuerda que nunca volverá a Ítaca...

SACRUM FIERE

La gran tejedora sabe hacer lo sagrado.
Sabe que Los hilos no entran y salen
del entramado sin consecuencias,
pero aun así sigue urdiendo la trama
naciendo de sí misma la sustancia pegajosa
que dibuja la hermosa catedral de encaje
donde devora tu carne y encierra tu espíritu
en seda bordada para que no se pierda.
Aracne lo sabe.
Conoce el peso estricto de su tarea,
su viaje cotidiano de la flor a la raíz
y la larga espera suspendida en la esquina de su seda,
en el centro mismo de la idea,
aguardando hambrienta el mínimo peso aleve
del alma que se posa en el cristal de su tela.
Ella no desea tu muerte sino tu vida entera.
Ata y desata tus ganas en su regazo de hilandera
y te enreda en canciones para que no te duermas
Tú también lo sabes.
La araña es tu madre aunque te quiera del revés
y a su pesar, solo pueda quererte.

INICIACIÓN

Porque mi alma, en sus ansias de abeja,
por ese camino buscó y halló miel

Vicenta Castro Cambón

A veces tomo el té con una abeja
para asegurarme la ración diaria de miel.
Y me siento a la mesa con un alma descendida a las tinieblas
que ha vuelto con todo el oro del Hades pegado a sus patitas.
La gran Sacerdotisa de Eleusis que resucita intacta
del invierno azul todas las primaveras.
Tráeme tu sol amarillo del reino de los muertos,
fértil sustento de místicas y de sibilas
y enjugaré con él mis manos inútiles
que ya no escriben sino poemas secos.
Muerde mi alma con el filo agudo de tu vientre.
Tu veneno es el verbo que nace en tus entrañas
y muere cada vez que se hunde en mi carne.
Vierte en mis oídos la misma cera untuosa
que le regalaste al griego fecundo en ardides
y acallaré para siempre la cháchara inútil de las sirenas.
Baila tu danza frenética de obrera de fuego
y enséñame el camino hasta tu reino caliente
de brotes que son promesas de versos húmedos.
Hay tardes en las que tomo el té con una abeja.
Me he acostumbrado al rumor de su zumbido sordo.
Algún día encontraré el jardín de la virgen laboriosa
y yo misma me haré la miel con toda la hiel que me sobra.

ÍNDICE

Ediciones Vitruvio

Colección Baños del Carmen

Últimos libros publicados:

Rival del sol, poesía completa, de
Miguel Hernández

Escalando el muro, de Javier
Olalde

Almas entrelazadas, de José
Eduardo Mohedano

Mientras respiro, de María José
Pérez Grange

Raíz del corazón, de Modesto
González Lucas

Mitosis, de Domingo Luis
Hernández

Canto natural, de Juan Pedro
Carrasco García

21 de marzo, de Cova Sánchez-
Talón

Imago Amoris, de Eduardo
Martínez y Hernández

Casquería romántica, de Oscar
Magadán

Existir en voz baja, de Luis Oroz

Lugares y límites, de Sonia María
Riera Gata

Iconos, de Pedro López Lara

Diarios de la peste en Nueva York,
de Sergio Colina Martín

Onírico mundo, de Pepa Miranda

Ética y retórica, de Santiago A.
López Navia

La ciudad y el ruido, de Manel
Lacarta

Sólo soy un latido, de Teresa
Moncayo

Las fachas del límite, de Eduardo
Crespo

Maitemindua, de Luis Fernando
Crespo Navarro

Palabra dicha, de Ignacio Mª
Muñoz